CYFRES DW...

S GETS A
SGWRS

D0892223

Priodas
Branwen

Elisa Lewis

Lluniau
Anthony Evans

ⓗ Awdurdod Cymwysterau, Cwricwlwm ac Asesu Cymru, 2005 ©
Mae hawlfraint ar y deunyddiau hyn ac ni ellir eu hatgynhyrchu
na'u cyhoeddi heb ganiatâd perchennog yr hawlfraint.

Cyhoeddwyd gan Y Ganolfan Astudiaethau Addysg, Aberystwyth
gyda chymorth ariannol Awdurdod Cymwysterau, Cwricwlwm ac
Asesu Cymru.

ISBN: Sgets – **1 85644 741 3**
(Pecyn 5 – *Traddodiadau*) **1 85644 533 X**

CYDNABYDDIAETH

Dymunir diolch i athrawon Adrannau'r Gymraeg yn yr ysgolion canlynol
am dreialu deunyddiau *Cyfres Dwy-eS* ac am eu sylwadau adeiladol:
Ysgol Bro Ddyfi, Machynlleth; Ysgol Brynhyfryd, Rhuthun; Ysgol Gyfun
Cwm Rhymni; Ysgol y Preseli, Crymych.

Diolchir hefyd i Eurgain Llŷr Dafydd, Elgan Davies-Jones ac Angharad
Rhys am eu harweiniad gwerthfawr.

Cynllunio'r clawr a dylunio:
Enfys Beynon Jenkins/Andrew Gaunt

Argraffu: **Argraffwyr Cambria**

Y Cymeriadau

Bendigeidfran,
Brenin Prydain

Branwen, chwaer
Bendigeidfran

Matholwch,
Brenin Iwerddon

Efnisien, hanner brawd
Branwen a Bendigeidfran

Y Llais sy'n disgrifio'r olygfa ac
yn dweud beth sy'n digwydd nesaf.

3

Gair ac Ymadrodd

Llai Cyfarwydd

bradwr	un sydd wedi bradychu arall, wedi ymddwyn yn ddichellgar
cipio	ennill
clwyfo	anafu
cylch dieflig	drygioni'n arwain at ragor o ddrygioni
digio	pwdu
estron	yn perthyn i wlad arall
llid	dicter
sibrwd	siarad yn isel
yn llygad dy le	yn berffaith iawn

Llais	*Mae Matholwch, Brenin Iwerddon, wedi hwylio i Gymru ar neges bwysig. Caiff ei groesawu i lys Harlech gan y cawr Bendigeidfran, Brenin Prydain. Ar ôl trafodaeth rhwng y ddau frenin mae Bendigeidfran yn mynd i chwilio am ei chwaer, Branwen.*

* * * * * * *

Bendigeidfran	Branwen, tyrd yma.
Branwen	Be' sy, Arglwydd?
Bendigeidfran	Welaist ti'r llongau yn y bae?
Branwen	Do. Llongau Iwerddon!
Bendigeidfran	Mae golwg wedi dychryn arnat ti, Branwen.
Branwen	Wrth gwrs 'mod i wedi dychryn. Mae'r Gwyddelod wedi lladd cymaint o'n dynion ifainc. Ydyn nhw'n ymosod arnon ni eto?
Bendigeidfran	Na, Branwen. Mae gen i newyddion da.
Branwen	Oes heddwch o'r diwedd rhwng ein dwy wlad?
Bendigeidfran	Mi fydd yna heddwch cyn hir.
Branwen	Sut hynny? Ydy'r Gwyddelod wedi ildio i ti?
Bendigeidfran	*[yn gwenu]* Na, nid i fi, Branwen, ond i ti.
Branwen	Rwyt ti'n gwneud hwyl am fy mhen. Be' wnes i erioed?
Bendigeidfran	Mae Matholwch, Brenin Iwerddon, wedi gofyn am gael dy briodi, Branwen, a dw innau wedi cytuno.
Branwen	Ond fedra i ddim priodi Gwyddel o bawb!
Bendigeidfran	Fe fyddi di'n wraig i frenin.
Branwen	Gwell gen i fod yn dywysoges yng Nghymru na brenhines yng ngwlad y gelyn.
Bendigeidfran	Os priodi di Matholwch, fyddwn ni ddim yn elynion. Bydd y Cymry a'r Gwyddelod yn un.

Branwen	Bydd yn rhaid i finnau fyw mewn gwlad estron ymhell oddi wrth fy mhobl.
Bendigeidfran	Ond fe fydd dy bobl yn ddiogel o'th achos di. Fydd dim rhagor o ymladd.
Branwen	*[yn drist]* Felly does gen i ddim dewis. Mae'n rhaid i mi briodi Matholwch.
Bendigeidfran	Cwyd dy galon, Branwen. Fe fyddi di'n wraig dda iddo.

* * * * * * *

Llais	*Y noson honno mae Branwen a Matholwch yn priodi yn Llys Aberffraw, ond yn sydyn mae Efnisien, hanner brawd Branwen a Bendigeidfran, yn torri ar draws y dathlu. Mae wedi cyrraedd adre'n ddi-rybudd ac yn rhuthro'n wyllt i'r neuadd fawr.*

* * * * * * *

Bendigeidfran	Croeso Efnisien. Rwyt ti adre'n gynnar. Sut hwyl gest ti'n hela?
Efnisien	*[yn ffyrnig]* Mwy o hwyl nag a gest ti! Mae llongau Iwerddon yn y bae. Pam na wnest ti eu gyrru nhw i ffwrdd?
Bendigeidfran	Gan bwyll, Efnisien! Mae'r Gwyddelod yma yn y llys.
Efnisien	Ma'n nhw wedi ildio i ti? Diolch byth! Rydyn ni wedi trechu'r gelyn!
Bendigeidfran	Gwranda di 'ma, Efnisien. Dydy'r Gwyddelod ddim yn elynion mwyach.
Efnisien	Ers pryd?
Bendigeidfran	Ers i'n chwaer, Branwen, briodi Matholwch, Brenin Iwerddon.
Efnisien	Fyddai Branwen byth yn priodi Gwyddel.
Bendigeidfran	Daeth Matholwch yma i ofyn am gael ei phriodi ac fe gytunais i.

Efnisien	Heb ofyn i mi!
Bendigeidfran	Doeddet ti ddim yma.
Efnisien	A phetawn i yma, fyddwn i ddim wedi cytuno.
Bendigeidfran	Gan bwyll, Efnisien. Mae dy dymer yn wyllt ar ôl hela.
Efnisien	Mae fy nhymer i'n wyllt am dy fod ti'n fradwr. Neu'n ffŵl!
Bendigeidfran	Dyna ddigon, Efnisien. Tyrd draw i longyfarch dy chwaer a'i gŵr.
Efnisien	Byth!
Bendigeidfran	Dw i'n dy orchymyn di.

* * * * * * *

Llais	*Mae Bendigeidfran ac Efnisien yn mynd i gyfarch Branwen a Matholwch.*

* * * * * * *

Bendigeidfran	Matholwch, dyma fy hanner brawd, Efnisien, sydd newydd ddychwelyd o'r helfa. Mae ganddo neges i ti.
Efnisien	Llongyfarchiadau, Matholwch.
Matholwch	Diolch i ti, frawd.
Efnisien	Rwyt ti a'th filwyr wedi hen arfer dwyn ein heiddo ni, ond y tro hwn fe lwyddaist i gipio'r ferch brydferthaf yn y wlad.
Matholwch	*[yn chwerthin]* Rwyt ti'n llygad dy le, Efnisien.
Branwen	*[yn ofidus]* Drwy ein priodas byddwn yn medru uno ein dwy wlad. Wyt ti'n deall, Efnisien?
Bendigeidfran	Ydy, mae e'n deall.
Branwen	A bydd heddwch o hyn allan rhwng Cymru ac Iwerddon.
Efnisien	*[yn troi i ffwrdd gan sibrwd dan ei wynt]* Heddwch! Fe gawn ni weld!

* * * * * * *

Llais	*Aiff Efnisien ar ei union i chwilio am geffylau'r Gwyddelod. Mae'n torri gwefusau'r ceffylau hyd at eu dannedd, yn torri eu cynffonnau hyd at yr asgwrn a'u clustiau hyd at eu pennau. Ar ôl clywed sgrechiadau'r ceffylau mae Matholwch yn rhedeg i'r stablau.*

* * * * * * *

Matholwch	*[yn wyllt]* Bendigeidfran!
Bendigeidfran	Be' sy, Matholwch?
Matholwch	Edrych ar fy ngheffylau.
Bendigeidfran	Pwy sy wedi eu clwyfo?
Matholwch	Rhyw Gymro.
Bendigeidfran	Nid ar fy ngorchymyn i!
Matholwch	Ond yn dy lys di, Bendigeidfran. Dyma sut wyt ti'n croesawu Brenin Iwerddon.
Bendigeidfran	Brenin Iwerddon a gŵr fy chwaer. Fyddwn i byth yn gwneud drwg i ŵr Branwen.
Matholwch	Branwen! Trueni fy mod i wedi ei phriodi erioed.

* * * * * * *

Llais	*Mae Branwen yn clywed ac yn rhedeg ato.*

* * * * * * *

Branwen	Matholwch, be' sy?
Matholwch	Edrych ar bennau gwaedlyd fy ngheffylau.
Branwen	*[mewn braw]* Y ceffylau druan!
Matholwch	Un ohonoch chi'r Cymry wnaeth hyn.
Branwen	Paid â digio wrtha i, Matholwch. A phaid â beio'r Cymry i gyd am weithred un dyn.
Bendigeidfran	Fe gei di geffylau newydd gen i, Matholwch. Ac aur ac arian.

Branwen	Derbyn nhw, Matholwch, er mwyn dy wraig ac er mwyn ein dwy wlad.
Matholwch	Tyrd, Branwen. Gorau po gynta yr awn yn ôl i Iwerddon.

* * * * * * *

Llais	*Wrth i Matholwch a Branwen fynd i ffwrdd mae Bendigeidfran yn sylwi ar Efnisien yn eu gwylio â gwên ar ei wyneb.*

* * * * * * *

Bendigeidfran	Ti wnaeth hyn, Efnisien!
Efnisien	Sut wyt ti'n gwybod? Mae llawer o Gymry'n casáu'r Gwyddelod.
Bendigeidfran	Ond dim ond ti fyddai'n ddigon hy i glwyfo'r ceffylau yn Llys y Brenin.
Efnisien	Os wyt ti'n credu hynny, cosba fi.
Bendigeidfran	Mae arna i ofn dy fod wedi'n cosbi ni i gyd, Efnisien. Yn enwedig dy chwaer, Branwen. Branwen druan!

11

Syniadau Sgwrsio

- Y Testun

  - Un o storïau'r Mabinogion yw hanes Branwen. Ydych chi'n gyfarwydd â'r stori gyfan? A wyddoch chi beth ddigwyddodd i Branwen wedi iddi fynd gyda Matholwch i Iwerddon? Ymchwiliwch ac ysgrifennwch yr hanes yn eich geiriau eich hunain.

  - Mae brawd Branwen, sef Bendigeidfran, a'i hanner brawd, Efnisien, yn gymeriadau tra gwahanol i'w gilydd. Meddyliwch am ansoddeiriau i ddisgrifio'r ddau.

- Trafodaeth ehangach

  - Mae'r ddau uchod, Bendigeidfran ac Efnisien, wedi chwarae rhan bwysig ym mywyd Branwen, ac wedi llywio'i dyfodol. Tybed a oedd gan Bendigeidfran hawl i ofyn i Branwen briodi Matholwch er mwyn creu heddwch rhwng y ddwy wlad? Ydy hi'n iawn bod merched yn cael eu haddo yn wragedd fel ffordd o sicrhau heddwch rhwng dwy wlad?

  - Ydych chi o'r farn y dylid aberthu hapusrwydd er mwyn dyletswydd a chyfrifoldeb, neu ydy hynny'n debygol o arwain at anhapusrwydd a phroblemau mawr?

  - Ydy teuluoedd yn aml yn cweryla, yn arbennig felly, deuluoedd brenhinol? Oes gan bŵer a statws rywbeth i'w wneud â hyn? Allwch chi feddwl am enghreifftiau?

  - Mi gollodd Efnisien ei dymer ac ymddwyn yn fyrbwyll, gan arwain at lawer o ddioddefaint. Ydych chi erioed wedi ymddwyn yn fyrbwyll ac edifarhau/difaru wedyn?

  - Dial ei lid ar y ceffylau wnaeth Efnisien. Ydy dial yn arwain at ragor o ddial? Ydy e'n gylch dieflig?

  - Ydych chi'n gyfarwydd â rhai o gymeriadau eraill y Mabinogion? Mae yna ferched diddorol eraill yn eu plith. Enwch rai ac yna lluniwch sgets yn darlunio un digwyddiad pwysig yn eu hanes, a'i hactio wedyn.